Hanns-Diethelm Blunck
Krieg und Bereinigung

Hanns-Diethelm Blunck

Krieg und Bereinigung

2 Stücke

ISBN: 3-8311-0372-0
Alle Rechte liegen beim Autor
Herstellung: Libri Books on Demand

Der Autor:

Hanns-Diethelm Blunck, 1972 Abitur, bis 1979 Studium der Philosophie, Germanistik, Psychologie und Pädagogik an den Universitäten Lüneburg und Hamburg, danach kaufmännische sowie Verwaltungsausbildung; Veröffentlichungen: in schwerer see zuhause, Spontanlyrik und Über die Scham, 2 Stücke, im selben Verlag

Arons Krieg

Ein Stück

1. Szene:

Cafeteria eines Fitneßclubs. Mehrere Tische mit Stühlen, ein großer Tresen (gleichzeitig Rezeption). Einige Gäste. Dann und wann kommen und gehen Leute, die sich am Tresen Schlüssel abholen oder wiederbringen oder Getränke kaufen. An dem einen oder anderen Tisch sitzen Gäste bei einem Getränk. Buntes Leben.

An einem der Tische im Vordergrund sitzt -betont lässig-Aron Haupt. Er ist ein großer, sehr kräftiger junger Mann mit einer dieser unsäglichen Caps auf dem Schädel, wie sie von Leuten dieser Sorte getragen werden. Trotz seiner Lässigkeit ist nicht zu übersehen, daß er sich für das bunte Leben um ihn herum, besonders für die weiblichen Gäste, sehr interessiert. Man merkt auch, daß die Lässigkeit nur vorgespielt ist. Aron ist nämlich ein Hyperkinetiker seit frühen Kindheitstagen. Seine innere Unruhe kann er nicht wirklich überspielen, sondern sie zeigt sich in nervösem Ändern der Sitzhaltung, Trommeln mit den Fingern und anderen Tics dieser Art.

Während des Verlaufs des Stücks sind auch immer wieder plötzliche, eruptive Ausbrüche von Wut, Frust oder anderen starken Gefühlsregungen feststellbar.

Der Aron-Darsteller sollte sich einiges zum „Hyperkinetischen Syndrom" anlesen, um dies alles schauspielerisch adäquat umsetzen zu können.

Die rein- und rausströmenden Gäste geben an der Rezeption Schlüssel ab oder verlangen welche (für die Sauna, für den Squashraum oder dergleichen), manche begegnen sich auch kurz und halten Klönschnack, manches ist für die Zuschauer hörbar, vieles nicht. Dieses bunte Leben hält während der gesamten ersten Szene an.

Auftritt Per Emmrich.
Auch er ist groß und kräftig, mit Bomberjacke und Glatze (wie ein Skinhead). Geht schnell auf Aron zu und schlägt ihm kräftig auf die Schultern.

Per (*laut*): Na, Aron, Du alter Sack! Was treibt Dich hierher?

Aron: Piß mich nicht an, Du Gurke!

Per: Wer wird denn gleich so fies sein? Dabei habe ich gerade beschlossen, Dich leben zu lassen.

Aron: Red' keinen Kack!

Per: Ich meine im Fall der nationalen Revolution. Du darfst lebenbleiben, aber viele hier - *zeigt mit Fingern wie ein Gewehr auf die Gäste* - sind dann fällig (*dehnt dieses „Fällig" auffallend*). Das wird ein Gag, denen das Hirn rauszublasen und davor sie ein wenig zu martern.

Per setzt sich zu Aron.

Aron (*gereizt*): Wer hat Dir denn gesagt, daß Du Dich hier setzen darfst? Sind schließlich noch mehr Plätze frei.

Per: Nun sei ein bißchen cool, man (*wie in der Milka-Werbung*) und friedlich! Ich bins doch, Dein alter Freund Per, seit Grundschultagen.

Aron: Mir ist aber nicht nach Menschen.

Per: Laß gut sein, Alter. Ich sag Dir schon, wann Du mich los wirst. Zunächst mal laß uns einen trinken.

Aron: Du bezahlst.

Per: Ist ja gut, Mann.

- Steht auf und besorgt am Tresen zwei Bier und zwei Korn. -

Per: Na los, laß uns anstoßen auf die Erneuerung Deutschlands!

Aron: Hör auf, mich mit sonem Dreck vollzusülzen. Bleib von mir aus hier sitzen, aber halt Deine Klappe.

10

Per: Gesprächig bist Du ja heute wirklich nicht. Dabei habe ich gerade einen Fidschi geklatscht. Das hätte Dir doch auch gefallen.

Aron: Ich hab genug Ärger und kein Interesse mehr.

Per: Seit wann biste denn so langweilig. Das ist ja ätzend, wohl schlechte Tagesform. Jedenfalls hat es Spaß gemacht, ich meine das Klatschen. Danach geht's mir immer wieder richtig gut. Der Frust ist für 'ne Weile raus.

Aron: Das ganze Scheiß-Leben ist nur Frust, am besten wär's, jemand knallt mich ab. Aber die Menschen sind ja solche Ärsche, schieben mir immer den Schwarzen Peter hin und sagen, nun spiel mal schön da mit.

Per: Du bist aber echt schlecht drauf.

Aron: Alle Kacker dieser Welt haben sich gegen mich verschworen. Schon meine Alten hatten mich dauernd im Visier. Egal, was auch schiefging, ich kriegte immer

Druck. Leider kann ich mich nicht beherrschen. Es ist immer als wenn sich in meinem Kopf eine Buchseite umdreht und dann knalle ich immer total durch und kann mich nicht beherrschen.

- Inzwischen tritt Elmar Willberg an den Tisch. Er ist von Kopf bis Fuß schwarz gekleidet, mit Springerstiefeln, wie ein Autonomer. -

Elmar: Na, Ihr Faschos!

Per (*springt auf*): Willst Du mich anmachen, Du linke Zecke?

Elmar: Reg' Dich nicht auf, Du Breigehirn.

- Per springt ihn an; sie rangeln eine Weile. -Schließlich:

Aron: Hört jetzt auf mit dem Streß, sonst kriegt Ihr's aufs Maul!

- Per und Elmar setzen sich. -

Aron: Holt noch was zu saufen. Hier ist ein Fuffi.

- Per springt auf und geht zum Tresen. -

Elmar: Wie hälst Du es aus mit diesem Fascho-Weichei?

Aron: Ich halte es mit keinem aus, auch mit Dir nicht.

Elmar: Mach' mal halblang. Ich denke, Du glaubst auch an die anarchistischen Ideale: Keinen über sich, keinen unter sich, jeder sein eigener Herr.

Aron: Ach ja, hab' ich das gesagt? Ich glaube an gar nichts. Mir ist alles, ich sage alles, pißegal

- Per kommt mit reichlich Bier und Korn zurück. Sie trinken gierig. -

Elmar: Ihr Faschos seid doch auch gegen den Staat. Warum bekriegen wir uns eigentlich? Laßt uns doch ein Bündnis schließen gegen die Kapitalistenknechte...!

Per (*großartig*): Euch linke Zecken werden wir zerquetschen, daß das Blut spritzt, sobald wir können. Ihr wollt doch nur auf meine Kosten in der Schaukel liegen und Euch die Sonne auf die Mähne scheinen lassen. Ich bin für das Recht des Starken.

Elmar: Ich hab's gewußt. Mit Dir ist kein Reden. Du redest einfach nur Pisse.

Per (*erhebt sich martialisch*): Reiß Dich zusammen, sonst schneid ich Dir die Eier ab.

Aron: Könnt Ihr mal aufhören, hier so einen Streß zu veranstalten. Dies ist mein Tisch. Setzt Euch woanders hin....

- *Per guckt noch mal gefährlich, setzt sich dann wieder.* -

Per: Ist schon gut, Alter! Ich weiß, Du bist heute schlecht drauf. Keine Angst, ich laß ihn leben!

Aron: Ich neige auch zu einfachen Antworten, weil es sich damit besser leben läßt, aber seid Ihr so sicher, daß Ihr bei den Antworten bleiben werdet...?

Elmar: Also, ich bin sicher in meinem Haß auf diesen Staat und diese verkrusteten Strukturen, die mich einengen und zerstören, wenn ich mich nicht wehre.

Per: Ich brauche keine Antworten, sondern bin geil auf action. Es ist doch ein geiles Gefühl, nach einem Kampf der Sieger zu sein und die Schwächeren links liegen zu lassen.

Elmar: Mann, wieso siehst Du Dich auf der Seite der Starken? Wer hier die Macht hat und stark ist, weiß doch wohl jeder. Und Du gehörst nicht dazu. Die, die Du plattmachst, sind die Schwachen genauso wie Du.

Per: Mich interessiert nicht, wie Du die Dinge siehst, Du Kanakenknecht. Ich bin stark und brauche niemandes Schutz.

Aron: Es ist gut, stark zu sein. Nur dann kommt man zu seinem Recht und kann sich wehren. Mir hat, als ich ein Kind war, auch keiner geholfen. Getreten haben sie mich, getreten, getreten....

Per: Das kann ich mir kaum vorstellen, so oft, wie Du ausgerastet bist.

- *Während sie so reden, ist Ulrike Posselt an den Tresen getreten. Sie hat mehrere Flaschen Cola verlangt, die von hinten aus der Kühlung geholt werden. Während sie so dasteht und wartet, beobachtet Aron sie auffällig intensiv. Sie merkt dies und blickt demonstrativ in eine andere Richtung. Ulrike ist Mitte 20, macht einen sympathischen Eindruck, ohne auffallend hübsch zu sein. Aron ist offenbar total von ihr fasziniert. Er beteiligt sich nachfolgend nicht mehr am Gespräch und sucht, nachdem Ulri-*

ke den Raum verlassen hat, ohne ein weiteres Wort den Abgang. -

Elmar: Los, laßt uns noch einen saufen. Zumindest das haben wir gemeinsam, daß das Leben im Suff besser zu ertragen ist.

- steht auf und holt erneut Bier und Korn -

Per (*zu Aron*): Wo siehst Du denn immerzu hin. He, Aron, träumst Du. Ah, ich sehe, die Kleine da drüben hast Du im Visier. Paß auf, das ist meine Nachbarin, die ist verheiratet und hat 'ne kleine Vierjährige als Tochter. Das ist 'ne gute deutsche Frau. Rühr' die nicht an, sag' ich Dir!

- Elmar kommt mit den Getränken. -

Elmar: Auf den Untergang des Kapitalismus!

Per: ....und des Kommunismus!

- Alle drei trinken gierig. -

Per: Nachher muß ich noch zum Gerichtstermin. Die haben mich voll am Arsch wegen so einer Keulerei mit Kanakenärschen. Aber, was solls, im Knast sind wir Faschos doch die größten, da fährt voll die Sause ab.

Elmar: Das ist leider bittere Realität. Das hab' ich voll gemerkt, als sie mich für 4 Monate eingelocht haben. Als Linker hast Du im Knast nicht viel zu lachen, drinnen nicht und hier draußen auch nicht. Aber irgendwann dreht sich der Wetterhahn.

Per (*hämisch*): Ganz recht, nämlich nach rechts und dann läuft hier manches andersrum.

- Aron stürzt plötzlich ohne ein Wort aus dem Raum. -

Ende der 1. Szene

2. Szene:

Arons Zimmer. Spärlich möblierter Raum, sehr unordent-lich, überall liegen leere Getränke-dosen und schmutzi-ges Geschirr herum, ebenso Schmutzwäsche. Hinten rechts Kochnische und Waschbecken. Vorne links einfa-cher Tisch mit Stühlen, vorne rechts eine Schlafliege. Keine Bücher, keine Pflanzen. An den Wänden Poster von Heavy-Metal-Bands.

Die folgende Szene handelt von der Demütigung und letztendlichen Vernichtung eines Menschen. Dem Schauspieler, der Schauspielerin wird hier sehr viel ab-verlangt. Dabei muß jeder/e die eigenen Grenzen selbst stecken, dem Stück eigen aber eine Drastik, die schau-spielerisch ggfs. realisierbar ist.

Man hört aus dem Treppenhaus Schritte. Schließlich wird die Zimmertür aufgestoßen. Herein kommt Aron. Er hält Ulrike Posselt fest und bedroht sie mit einem Mes-ser.

Aron (*läßt Ulrike los*): Jetzt sind wir da, mein Schätzchen. Nur gut für Dich, daß Du nicht geschrien hast. Ich hab' nämlich genug Ärger und hätte nicht lange gefackelt, Dich ein wenig zu ritzen, wenn Du nicht still geblieben wärst....

Er schließt die Tür ab.

Ulrike (*ängstlich*): Was haben Sie mit mir vor? Warum tun Sie das? Mein Mann und meine Tochter warten auf mich. Bestimmt suchen Sie schon nach mir....

Aron: Genug mit dem Geflenne! Platz erstmal!

Er zeigt auf einen Stuhl. Ulrike setzt sich.

Ulrike: Was wollen Sie von mir?

Aron: Ich will mich nur ein bißchen mit Dir unterhalten und amüsieren. Komm, wir trinken erstmal einen zusammen.

Er holt 2 Dosen Bier und öffnet sie.

Ich heiß Aron. Komm, stoß mit mir an.

Sie stoßen an.

Wie heißt Du?

Ulrike: Ich heiße Ulrike Posselt. Wieso duzen Sie mich, ich kenne Sie nicht.

Aron: Das kann sich ja ändern. Ich meine, wir können uns ja kennenlernen, süße Ulrike!

Ulrike: Ich bin nicht Ihre süße Ulrike.

Aron: Bisher warst Du es nicht, aber gleich, nachdem ich Dich gesehen hatte, wußte ich, daß Du es werden würdest.

Ulrike: Dazu gehören zwei.
Aron: Eben! Du trinkst ja gar nicht.

Ulrike: Ich trinke keinen Alkohol.

Aron: Das steht Dir frei, aber ich sag Dir schon jetzt, Alkohol macht manches leichter, besonders das erste Mal.

Ulrike(*ängstlich*): Welches erste Mal?

Aron: Sag bloß, Du hast noch nie gefickt! Kann ja nicht sein, Du hast doch 'ne Tochter, oder?

Ulrike: Was meinen Sie mit dem ersten Mal?

Aron: Das erste Mal, wenn wir ficken!

Ulrike (*erschrocken*): Das wird nie geschehen. Ich bin verheiratet; ich habe ein Kind, ich habe meine Familie.

Aron (*äfft sie nach*): Ich bin verheiratet; ich liebe meine Familie. Hör auf, so einen Stuß zu erzählen, wenn Du mich nicht ärgerlich machen willst. Es ist Schluß mit Deinem Mann. Ich hab' Dich nicht hierhergeholt, um Dich mit einem andern Kerl zu teilen.

Ulrike: Jürgen ist kein Kerl, und ich gehöre zu ihm. Ich betrüge ihn nicht.

Aron: Wenn Du so weiterreden willst, wird es sehr, sehr schwierig für Dich. Bisher war ich wirklich nett zu Dir....

Ulrike: Inwiefern waren Sie nett zu mir. Sie überfallen mich mit einem Messer und zwingen mich, hierher mitzukommen. Zuhause warten mein Mann und meine Tochter und machen sich Sorgen. Was ist denn daran, bitte schön, nett?

Aron: Ich hab' Dich bisher anständig behandelt. Und das mit dem Messer.... Man muß die Leute halt manchmal zu ihrem Glück zwingen. Und daß ich Dich getroffen habe, das ist Dein Glück. Das wirst Du schon sehen....
Aber nun Schluß mit lustig. Entweder Du trinkst jetzt Dein Bier oder ich nehm' Dich gleich ran.

Ulrike ist sichtlich ängstlich. In der Hoffnung, furchtbare Entwicklungen ggfs. eine Zeitlang aufhalten zu können, nippt sie an der Bierdose. Aron hat unterdes seine Dose leergetrunken und holt zwei neue.

Aron: Sei mal nicht so zaghaft, junge Frau. Du mußt viel lockerer werden, also ran an die Buletten. Sauf, Schwester, sauf!

Er nimmt die Dose und schüttet gewaltsam Bier in Ulrikes Mund.

Ulrike (*prustet*): Halt, hör auf, das ist zuviel.

Aron: Dann trink selbst, aber ein bißchen fixer, wenn ich bitten darf, meine Hormone jucken schon. Du wirst ja wohl hoffentlich nicht Zeit schinden wollen. Irgendwann kommt der Zeitpunkt, daß der Frosch ins Wasser springen muß, irgendwann bestimmt. Ich hab' zwar alle Zeit der Welt, aber Du machst mich geil. Ich steh' auf Dich.

Ulrike: Ich weiß über Dich gar nichts. Erzähl was über Dich....

Aron: Aha, Du duzt mich plötzlich und willst was über mich wissen. Das ist ein guter Entschluß. Also, ich heiße Aron Haupt, und ich bin ein Bastard, ein ungeliebtes Kind. Meine Eltern haben mich schon immer vorgehabt, ständig Zoff mit denen. Und dann mußte ich immer zur Therapie wegen Hyperkinetischem Syndrom. Das war, weil ich immer so leicht ausgerastet bin und weil ich nie ruhig sein konnte, weißt Du. Ständig mußte ich herumflippen, ständig neue Schauplätze. Ich dachte, der Ärger würde aufhören, wenn ich zuhause ausziehe. Aber seitdem ist es richtig schlimm. Die Menschen hassen mich.

Ich brauch' einfach jemanden, der mich liebt. Und das bist Du, Du darfst mich lieben. Du darfst mir die Liebe geben, die die andern mir verweigert haben, die Arschlöcher....

Ulrike: Aber ich liebe Dich nicht. Wenn ich Dich lieben soll, mußt Du mir Zeit geben. Und ich muß Dich besser kennenlernen....

Aron: Zeit, was ist Zeit. Ich jedenfalls habe keine Zeit. Ich mußte schon so lange darben. Oft hatte ich das Gefühl, daß mich alle hassen.... Aber ich will nicht mehr über mich reden. Ich will gar nicht mehr reden. Ich will jetzt sehen, was ich mir selbst geschenkt habe....

Ulrike (*angstvoll*): Was meinst Du...?

Aron: Ich will Deine Titten und Deinen Arsch sehen und Deine süße Möse will ich sehen.

Ulrike (*erschrocken*): Das geht nicht. Ich gehöre zu meinem Mann und nur ihm zeige ich mich.

Aron (*nimmt sein Messer und springt auf Ulrike zu*): Ich kann Dir natürlich auch die Kehle durchschneiden. Ich hasse es, wenn man mich ständig vor den Kopf stößt.
Er reißt ihr grob in den Haaren und drückt ihr das Messer unsanft an die Kehle.

Aron: Ich sag' Dir nur eins: Mach', was ich Dir sage, dann kannst Du überleben. Wenn Du aber weiter solche Zikken machst, mach ich Dich platt. Verstehst Du?

Ulrike (*gequält*): Ja, ich verstehe!

Aron (*läßt von ihr ab*): Also los, zieh Dich aus, damit ich sehen kann, was Du zu bieten hast.

Ulrike beginnt sehr langsam und sichtlich beschämt, sich auszuziehen. Zunächst die Schuhe und Strümpfe.

Aron: Na also, so ist's gut. Aber ein wenig schneller, ich will Belege sehen, wenn Du weißt, was ich meine.

Ulrike: Bitte, Aron, erspare mir das. Ich schäme mich so entsetzlich....

Aron (*tritt ganz nah an sie heran, berührt sie zärtlich*): Das brauchst Du nicht, ich liebe Dich doch und Du gehörst mir. Es ist auch sonst keiner dabei. Aber, wenn Du mich weiter heiß machst, garantiere ich für nichts.

Ulrike knöpft sehr zögerlich ihre Bluse auf.

Aron: Gut, gut, Kleines....weiter so....

Aron setzt sich breitbeinig auf einen Stuhl und fummelt an seinem Genital herum.

Aron: Du machst mich ganz geil....

Ulrike: Aron, bitte hab' ein Einsehen und laß mich jetzt gehen. Ich sag' auch niemandem etwas davon, was Du getan hast.

28

Aron springt wie besessen vom Stuhl und reißt Ulrike zu Boden, wirft sich auf sie, drückt ihr mit beiden Händen den Hals.

Aron: Mir reichts! Ich hab' Deine Zicken satt. Ich dreh' Dir die Luft ab, Du Scheißweib.

Ulrike (*äußert mühsam*): Verzeih, ich mach keine Zicken mehr.

Aron: Na gut, weil ich Dich liebhab, gebe ich Dir noch eine letzte Chance. Aber ich warne Dich, keine Zicken mehr.

Er steht auf und setzt sich wieder breitbeinig auf den Stuhl. Sofort springt er wieder auf und läuft zur Musikanlage

Aron (*fast euphorisch*): Vielleicht geht's mit Musik besser.

Er schaltet das Radio laut ein. Es erklingt irgendwelche Techno-Musik

Aron (*völlig euphorisch, tanzend*): Oh, Power. Das geht ja hier gut ab. Na los, Alte, jetzt zieh blank....

Ulrike reißt sich offenbar unter der Erkenntnis, daß es vorerst kein Entrinnen gibt, zusammen und spielt anscheinend Arons Spiel mit. Tanzend legt sie Hose, BH und Slip ab und tanzt auch nackt weiter, scheinbar wie in Trance. Aron hat sich wieder auf seinen Stuhl gesetzt und schlägt sich voller Begeisterung auf die Schenkel.

Aron (*feuert Ulrike an*): Oh yeah, Mädel, das geht voll ab hier. Ich bin doch tierisch nett, was Alte?

Ulrike bleibt starr stehen. Aron betrachtet sie genüßlich und fummelt wieder an seinem Genital herum.

Aron: Geile Titten, Alte. Und die wolltest Du vor mir verstecken. Ist doch viel zu schade, Dich nur Deinem Makker zu zeigen. Komm' mal her, damit ich Dich berühren kann.

Ulrike ist inzwischen völlig mutlos und geht willenlos auf Aron zu. Er ergreift sie und zieht sie auf seinen Schoß. Er berührt zunächst sehr sanft ihre Brüste und ihren Körper. Dann wird er immer grober und leidenschaftlicher, knetet ihre Brüste, küßt sie wild. Schließlich stößt er sie von sich, daß sie auf den Boden stürzt. Er springt auf, öffnet seinen Gürtel und läßt Hose und Unterhose herunter.

Aron: Los, Kleines, blas mir einen, ich bin so geil.

Ulrike rappelt sich wie benommen auf und nähert sich auf den Knien seinem Penis.

Aron (*ergreift ihren Kopf und führt ihn zu seinem Glied*): Los, nimm den Bengel in Deinen Mund.

Er ist sehr grob, schließlich gibt sie nach und nimmt seinen Schwanz in den Mund, lutscht daran. Aron stöhnt und erreicht nach sehr kurzer Zeit den Orgasmus.

Aron: Echt tierisch gut, Alte!
Schnell zieht er seine Hose hoch.

Ulrike (*hoffnungsvoll und angeekelt*): Darf ich mich jetzt wieder anziehen.

Aron: Wozu solch Umstand. Du siehst doch gut so aus, viel besser als mit Klamotten. Setz Dich, ich hol' uns noch Bier.

Ulrike setzt sich, Aron holt neue Bierdosen.

Aron: Hier, nimm...!

Ulrike öffnet ihre Dose und trinkt gierig, so daß auch Bier auf ihren Körper spritzt.

Aron: Ja, gut so, feuchte Brüste kommen gut.

Er trinkt ebenfalls gierig.

Aron: Scheiß, schon wieder leer (*wirft die leere Dose von sich*). Ich hol' neues.

Er holt erneut 2 Dosen Bier, reicht eine davon Ulrike. Sie hat inzwischen die Hoffnung, bald aus den Fängen Arons befreit zu werden, verloren. Sie spürt, daß es für sie erträglicher wird, wenn sie Alkohol zu sich nimmt. Sie trinkt erneut gierig.

Aron: Du wirst ja richtig patent, Mädel. Warum nicht gleich so. Weißt Du, vorhin war ich schon fast ein bißchen sauer auf Dich, wußte gar nicht, warum Du so rumzicken mußt. So nett wie zu Dir war ich überhaupt zu niemand vor Dir, weißt Du! Es hat Dir doch Spaß gemacht, ich mein das Blasen.

Ulrike (*von weit her*): Es hat richtig Spaß gemacht. Läßt Du mich jetzt gehen, ich komm auch bestimmt zurück, ich muß nur nach meinem Töchterchen sehen....

Aron: Verdirb doch nicht immer gleich wieder die Stimmung! (*drohend*) Oder soll ich Dir noch mal wehtun?

Ulrike: Nein, bitte nicht. Na gut, ich bleibe hier. Jürgen wird sich schon kümmern....

Aron (*ärgerlich*): Verdammt, wer ist Jürgen...?

Ulrike: Mein Mann!

Aron stürzt wütend auf sie, rüttelt sie sehr unsanft.

Aron: Wie oft soll ich Dir noch sagen, daß ich, ganz allein ich, Dein Mann bin. Verstehst Du mich?

Ulrike (*ganz von fern*): Ja, ich verstehe, verstehe Dich!

Aron (*läßt von ihr ab*): Na gut, dann sind wir wieder Freunde, stimmt's?

Ulrike (*willenlos*): Ja, wir sind Freunde.

Aron: Aber Deine Dose ist ja schon wieder leer. Du säufst ja wie ein Schluckspecht. Dann kommst Du wenigstens in Fahrt. Warte, ich hol' uns zwei neue.

Er läuft völlig euphorisch zum Kühlschrank und holt zwei neue Dosen Bier.

Aron: Ist doch richtig gemütlich in meiner Höhle, was?

Er gibt ihr eine Dose, die Ulrike sofort öffnet und wie besinnungslos schüttet sie sich das Bier in den Mund. Aron sieht ihr zunächst in einer Mischung aus Verliebtheit und Irritation zu, öffnet dann seine eigene Dose und trinkt ebenfalls gierig.

Aron: Du bringst mich echt in Fahrt, Mädel. Es war gut, Dich mitzunehmen, weißt Du? Ich bin jetzt richtig gut drauf, Du törnst mich an. Am Anfang hatte ich richtig Angst vor Dir....

Ulrike (*ungläubig*): Was hattest Du....Angst?

Aron: Ja, richtig Schiß. Ich hatte nämlich noch nie was mit 'ner Frau; die mögen mich alle nicht. Auch, wenn ich ziemlich nett bin, irgendwie mögen die mich nicht, die Scheiß-Weiber. Und 'ne nackte Frau hab' ich auch noch nie gesehen; Du bist die erste....

Ulrike: Das glaub' ich Dir nicht. Du bist doch ein erwachsener Mann und siehst ganz gut aus. Das glaub' ich Dir nicht!

Aron: Es ist aber so. Du bist die erste. Deshalb hab' ich auch so 'ne Angst vorm Ficken. Aber es muß sein, irgendwann muß es sein....

Ulrike: Bitte, nicht das! Ich bin meinem Mann treu. Ich schlaf nicht mit Dir!

Aron: Scheiße, kaum bin ich nett zu Dir, machst Du wieder Zicken....

Er springt auf und schleift sie unsanft auf das Bett. Während er sie mit seinen Beinen und seinem Leib niederdrückt, reißt er sich hektisch seine Kleidung vom Leib.

Aron: Jetzt will ich's wissen. Ich ficke Dich. Ich mach' Dich alle. Du Scheiß-Hure. Ich mach' Dich fertig.

Er führt sein Glied bei ihr ein und stößt heftig zu. Nach sehr kurzer Zeit hat er einen Orgasmus und legt sich schwer und erschöpft auf Ulrike.

Aron: Oh, Mann, war das gut....Wie war ich, Liebes, sag', wie hab' ich's Dir gemacht...?

Ulrike (*schluchzend*): Du verdammtes Schwein. Du weißt, daß das nicht geschehen durfte. Ich hasse Dich.

Aron legt seine Hände um Ulrikes Hals. Ohne ein Wort zu sagen, würgt er sie. Sie versucht zunächst, sich zu wehren, aber ihre Kraft ist zu schwach. Schließlich fällt sie aufs Bett zurück und ist tot. Aron nimmt ihren Leib und schleift ihn in die hintere Ecke des Zimmers. Er holt eine Decke und wirft sie über Ulrikes Leiche. Er geht schweren Schrittes zu einem Stuhl und bleibt dort bewegungslos sitzen.

Ende der 2. Szene

3. Szene:

Ebenfalls Arons Zimmer - wie vorher. Aron sitzt teilnahmslos auf einem Stuhl, hat die Beine über einen zweiten Stuhl gelegt. Ulrikes Leiche liegt wie vordem in der rechten Ecke. Es klopft. Aron reagiert überhaupt nicht. Es klopft heftiger. Wieder keine Reaktion. Erst als sehr heftig und ungeduldig gegen die Tür geklopft wird, antwortet

Aron (*ungeduldig*): Ja doch! Was ist denn?

Jürgen (*von draußen*): Laßt mich 'rein!
Aron schlurft zur Tür und öffnet widerwillig.

Aron (*unwillig*): Was ist denn? Was machste denn für'n Lärm? Wer biste denn überhaupt?

Jürgen tritt ein.

Jürgen (*überfliegt den Raum mit seinen Blicken*): Wo ist Ulrike?

Aron: Versteh' nicht!

Jürgen: Wo ist Ulrike, meine Frau Ulrike?

Aron: Kenn' keine Ulrike!

Jürgen: Aber ihr seid doch zusammen aus dem Fitneß-Studio gegangen.

Aron: Nix is'; ich bin allein, ganz allein, immer allein, oder sieh'ste hier wen?

Jürgen: Aber das kann doch nicht sein. Ich hab' denen Ulrike ganz genau beschrieben, und die waren total sicher, daß sie mit Ihnen zusammen rausgegangen ist. Das kann doch aber nicht sein....

Aron (*prahlerisch*): Wieso kann das nicht sein? Immerhin bin ich doch'n starker Typ....

Jürgen: Also, Schluß mit diesem Hin und Her: Wo ist Ulrike?

Aron: Na gut, dann muß ich's wohl zugeben, daß wir beide einen kleinen Fick hatten. Eigentlich wollte ich ja nichts sagen. Das wollte Ulrike erledigen, nämlich Dir sagen, daß sie jetzt mit mir zusammen ist...!

Jürgen stürzt auf Aron zu, offenbar, um ihn zu schlagen.

Jürgen: Du dreckiger Lügner...!

Aron wehrt Jürgen geschickt ab und dreht ihm den Arm schmerzhaft auf den Rücken, zwingt ihn zu Boden. Überhaupt ist offensichtlich, daß Jürgen kräftemäßig nichts gegen Aron wird ausrichten können. Jürgen richtet sich benommen auf und nimmt zerknirscht auf einem Stuhl Platz.

Aron: Nimm's nicht so schwer, kommt oft vor, daß 'ne Torte ihren Macker durchtauscht.

Jürgen: Sprich nicht so von Ulrike. Ich bin ihrer Liebe völlig sicher, sie geht nicht mit einem anderen ins Bett, ganz sicher nicht....

Aron: Wenn Du nur 'ne halbe Stunde früher hier gewesen wärst, hättest Du sie noch nackt durch dieses Zimmer tanzen seh'n können.

Jürgen springt erregt auf.

Jürgen: Sie sprechen niemals von Ulrike, das ist ganz gewiß. Sie ist ein sehr schamhafter Mensch, so etwas hätte sie nie getan und schon gar nicht für einen Fremden.

Aron: Ich weiß nicht, ob ich ein Fremder bin, wenn ich sie so gut durchgevögelt hab'. Ich hab's ihr besser besorgt als Du jemals. Das hat sie ausdrücklich gesagt.

Jürgen will erneut auf Aron losgehen, besinnt sich aber.

Jürgen: Du bist ein ekelhafter Lügner. Du willst mich nur verunsichern. Ich bin mir ganz sicher, daß Du nicht von Ulrike sprichst.

Aron: Ja, ja. Träum' mal weiter 'rum, Du Spinner. Komm', wir trinken jetzt erstmal ein Bier. Ulrike kommt eh' gleich zurück. Sie wollte Dir nur kurz Bescheid sagen und dann wiederkommen.

Aron holt 2 Dosen Bier und öffnet sie.
Aron: Hier, trink', Brüderchen!

Jürgen: Was soll ich mit Dir trinken? - Entweder hast Du eine Macke oder Du hast mit meiner Frau geschlafen. Beides ergibt keine angenehme Gesellschaft.

Trinkt aber dennoch.

Aron: Deine Frau ist nicht mehr Deine, sondern meine Frau.

Jürgen (*sehr gewiß*): Das wüßte ich aber. Als sie vor anderthalb Stunden aus dem Haus ging, war sie noch meine Frau. So ein gewaltiges Ereignis kann inzwischen gar nicht eingetreten sein....

Aron: Du hast mich noch nicht ficken sehen....

Jürgen (*zwingt sich sichtbar zur Ruhe*): Selbst, wenn Du im Bett so gut wärest, wie Du prahlst, und selbst, wenn Ulrike mit Dir geschlafen hätte, das würde dennoch ihrem Gefühl für mich keinen Abbruch tun.

Aron: Du erbarmungsvoller Träumer. Soll ich Dir sagen, was tatsächlich mit Ulrike los ist. Willst Du es wirklich wissen, erträgst Du die Wahrheit?

Jürgen: Vor allem will ich mit Ulrike selber sprechen und nicht alles von Dir Scheißkerl hören.

Aron faßt Jürgen brutal an.

Aron: Rede nicht so mit mir in meiner eigenen Bude, hörst Du?

Er zwingt Jürgen zu Boden und kniet sich brutal auf ihn.

Aron: Wer hier ein Scheißkerl ist, ist außerdem noch längst nicht entschieden.

Jürgen stöhnt unter Arons Last.

Aron: Ja, ja, Du willst so 'ne heiße Torte wie Ulrike halten und kannst Dir selbst nicht helfen. Aber eins laß Dir gesagt sein: Es ist Schluß mit Ulrike.

Aron läßt von Jürgen ab. Dieser erhebt sich mühsam.

Jürgen: Wie meinst Du das: Es ist Schluß mit Ulrike?

Aron: So, wie ich's sage, ich hab' Schluß gemacht mit ihr.

Jürgen: Ich denke, Du hast gerade eben, in den letzten 90 Minuten, mit ihr geschlafen. Außerdem prahlst Du damit, sie sei jetzt Deine Frau.

Aron: Dennoch hab' ich mit ihr Schluß gemacht. Sie war meiner nicht wert. Außerdem hat sie mich plötzlich gelangweilt. Du weißt ja: Wer zweimal mit derselben pennt....

Jürgen (*energisch*): Jetzt ist aber genug. Du verarscht mich doch, Du sprichst niemals von meiner Frau. Die würde sich nämlich nie im Leben auf so etwas einlassen.

Aron (*geheimnisvoll*): Im Leben vielleicht nicht!

Jürgen (*ängstlich*): Wie meinst Du das? Ist Ulrike etwas zugestoßen? Ich sage Dir, wenn Du sie angerührt hast, bring' ich Dich um.

Aron (*spöttisch*): O.K., Du bringst mich um, Du kleiner Hanswurst.

Er packt ihn am Hals.

Aron: Ich sag' Dir, wer hier wen umbringt. Du armes Würstchen. Aber zunächst sollst Du die Wahrheit erfahren. Dann werden wir ja sehen, ob Du ein Mann bist, wie Du behauptest.

Aron geht zu der Stelle, wo unter der Decke Ulrikes Leiche liegt.

Aron: Na komm', Du Träumer, komm' her.

Jürgen nähert sich ihm angstvoll. Aron hebt die Decke auf. Jürgen stürzt vor seiner toten Frau auf die Knie, weint laut auf.

Jürgen (*stammelt*): Was, was hast....Du nur....getan? Sie war die schönste, die liebste, die treuste Frau....

Während Jürgen seinen Blick nicht von seiner Frau wenden kann und hemmungslos weint, hat Aron ein Messer genommen. Er ersticht Jürgen mit einem gewaltigen Hieb von hinten.

Ende der 3. Szene

4. Szene:

Besuchsraum in einem Gefängnis. Irene Haupt, Arons Mutter, steht an einem der vergitterten Fenster. Sie wartet darauf, daß Aron hereingebracht wird. Schließlich erscheint Aron in Handschellen, hereingeführt von einem Vollzugsbeamten.

Aron: Was willst denn Du hier?

Irene: Ich will wissen, warum Du das getan hast!

Aron: Dann kannste gleich wieder abhaun. Ich sag' nichts dazu.

Irene: Diese wunderbaren Menschen hast Du ausgelöscht, Du Bestie!

Aron: Ach, hör' auf zu filmen. Ich hab' weggeworfen, was mich genervt hat.

Irene stürzt auf ihn zu, hämmert mit ihren Fäusten gegen Arons Brust. Dann setzt sie sich verzweifelt auf einen Stuhl. Aron setzt sich ihr gegenüber ebenfalls.

Aron: Zieh' hier nicht so 'ne Show ab, Alte. Schließlich bin ich Dein Kind. Alles, was ich bin, bin ich durch Dich.

Irene: Du nimmst das sofort zurück. Niemals hast Du auf mich gehört. Nie hast Du auf mich Rücksicht genommen. Dich als Kind zu haben, war grausam schlimm.

Aron (*erhebt sich*): Wenn Du mich hier vollsülzen willst, geh' ich wieder in meine Zelle.

Irene: Es ist so traurig, daß Du noch nicht mal Reue empfindest. Genau wie früher: Nie hast Du Dich entschuldigt für Deine Ausraster. Nie hast Du Dich bemüht, mit uns anderen im Frieden auszukommen.

Aron: Nun drück' hier mal nicht auf die Tränendrüsen! Ihr habt mich doch immer auf dem Kieker gehabt, immer wurde auf mir herumgetrampelt, nie konnte ich es euch Recht machen.

Irene: Wie Du die Wirklichkeit verdrehst. Wie oft habe ich Dich vor Deinem Vater in Schutz genommen? Oft haben sogar Deine kleinen Geschwister Strafen bekommen, die Du tausendmal mehr verdient hättest. Alle unsere Kinder sind wohlgeraten, nur Du, Du bist ein Bastard. Schon als 3-jähriger warst Du so schlimm, so schlimm. Alle haben es gemerkt, daß bei Dir irgendwas nicht stimmt. Aber ich habe immer versucht, Dich zu lieben, weil ich immer dachte, Liebe wird Dich verwandeln. Aber diese Liebe zerstört mich, Du bist nicht zu retten.

Sie schluchzt und verbirgt ihr Gesicht in den Händen.

Aron: Ah, wieder diese Show. Nur komisch, daß ich dies' alles so anders in Erinnerung habe. Immer habt ihr alle anderen mir vorgezogen, immer kriegte ich die Schuld für alles, was schiefgegangen war. Meine Kindheit war zum Kotzen, und ihr alle seid auch zum Kotzen. Das ganze Leben ist ein Scheißhaus ohne Ausgang....

Irene: Warum hast Du diese netten Menschen getötet?

Aron: Niemand ist nett. Den Scheiß-Macker wollte ich ja erst gar nicht klatschen, aber dann kam er mir blöd, selbst schuld. Und die kleine Maus war zuerst sehr süß, aber dann langweilte sie mich. Ist doch nicht weiter dramatisch, ist eben passiert.

Irene (*springt auf, hysterisch*): Ich verbiete Dir, so zynisch und flapsig von diesen Menschen zu sprechen. Hörst Du, ich verbiete es Dir.

Aron (*betont cool*): Du hast mir gar nichts zu verbieten. Für einen mäßigen Fick lebenslänglich in'n Knast. Das ist Scheiße. Voll die Scheiße!

Irene stürzt auf ihren Sohn los, um auf ihn einzuschlagen. Doch Aron wehrt sie mit einer Hand wie ein lästiges Insekt ab, so daß Irene hinschlägt und auf dem Boden benommen liegenbleibt.

Aron: Zieh' doch hier nicht so eine Show ab. Ich sags Dir nochmal: Ich hasse solche Gefühlsausbrüche. Ich hab' mir nichts vorzuwerfen: Der Ulrike hab' ich's gut besorgt und ihr einen schnellen Tod bereitet. Und ihren Macker habe ich mit einem Stich ausgelöscht. Die hatten doch nicht viel zu leiden, ging viel zu schnell. Ich dagegen darf jetzt hier im Knast verdorren. Du weißt, wie sehr ich Bewegung brauch'. Aber, was soll's. Ihr habt mich ja schon immer hart angefaßt. Ich bin's gewohnt, bleib' immer cool. Los, Wärter, bring' mich wieder in die Zelle.

Der Vollzugsbeamte führt Aron ab. Irene berappelt sich langsam und verläßt dann gesenkten Hauptes den Raum.

Vorhang

Jakobs Bereinigung

Ein Stück

1. Szene:

Behandlungszimmer Dr. Ellinghaus. Schreibtisch unter dem Fenster, Sitzgruppe in der Mitte des Raumes. Rechts eine Liege und am Kopfende ein Sessel (für analytische Seancen).

Sekretärin: Draußen sitzt Herr Lindt. Ich habe für ihn noch keine Karte angelegt. Er will zunächst nur ein Vorgespräch führen. Er ist heute der letzte Patient. Brauchen Sie mich noch?

Dr. Ellinghaus: Nein, ich brauche Sie nicht mehr. Gehen Sie ruhig nach Hause. Bis morgen dann....

Sekretärin: Ja, tschüs, Herr Doktor!

- geht ab -.

Dr. Ellinghaus arbeitet zunächst noch weiter an seinem Schreibtisch, steht dann auf und geht zur Tür, öffnet sie.

Dr. Ellinghaus: Herr Lindt, darf ich dann bitten?

Lindt tritt ein.

Dr. Ellinghaus: Guten Abend, mein Name ist Ellinghaus. Was führt Sie zu mir?

Herr Lindt: Ich komme mit meinem Leben nicht mehr zurecht oder, besser gesagt, mit dem Leben meiner Frau.

Dr. Ellinghaus: Sie kommen mit dem Leben Ihrer Frau nicht zurecht...? Doch, setzen Sie sich doch zunächst!

Lindt setzt sich auf den ihm zugewiesenen Sessel.

Dr. Ellinghaus setzt sich ebenfalls.

Herr Lindt: Ich liebe meine Frau unsäglich. Wir führen ein glückliches Leben. Es ist schön, daß ich in meinem Alter (Ich bin jetzt Ende 30) noch so ein Glück erleben darf. Wissen Sie, ich habe bereits eine gescheiterte Ehe hinter mir, und da ist es nicht leicht, erneut einen Anfang zu finden. Für meine erste Frau habe ich eine regelrechte Obsession empfunden. Es ist mir sehr, sehr schwer gefallen, die Trennung von ihr zu überleben. Ja, überleben ist wohl der richtige Ausdruck....

Dr. Ellinghaus: Sie erleben jetzt ein neues, vielleicht nicht mehr erwartetes Glück....

Herr Lindt: Ja, das ist richtig. Ich genieße jede freie Minute, die ich mit meiner Frau.... Sie heißt übrigens Miriam. Dann ist es leichter, von ihr zu sprechen....genießen darf. Am Anfang hatten wir eine schwere Zeit, weil soviele Scheidungsfolgen über uns hereinbrachen wie eine schwere Woge, aber dieses Maß an Solidarität und Liebe, das wir uns gegenseitig gegeben haben, hat uns durchgetragen und ist sogar am äußeren Widerstand gewachsen. Dies ist einfach eine reife und gute Ehe.

Dr. Ellinghaus: Aber, Sie sagten eingangs, Sie kämen mit ihrem Leben beziehungsweise mit dem Ihrer Frau nicht zurecht.

Herr Lindt: Mich quält die Tatsache, daß meine Frau vor mir gemeinsame Zeiten mit anderen Männern hatte und die Erinnerungen an diese Zeiten fluten häufig wie eine böse Woge in mein Leben. Wissen Sie, meine Ehe - Idee ist die, daß die beiden Eheleute im Verlauf ihres gemeinsamen Lebens zu einer Eheperson werden, daß sie sozusagen verschmelzen. Natürlich soll dabei noch jeder in seiner gewordenen Individualität erkennbar sein, aber eben wie die zwei Seiten einer Medaille, nicht mehr isoliert, wie zwei Singles. Das Ziel der Ehe ist für mich die Symbiose, das Einswerden. Ich liebe meine Frau derart, daß ich die letztsinnige Verschmelzung mit ihr anstrebe; und auch Miriam sieht das so. In diesem Prozeß erweisen sich aber frühere Beziehungen wie ein Störfeuer. Sie verletzen mich und machen mich unglücklich. Sie stellen sich dar wie Beschädigungen an unserem gemeinsamen Gedächtnisleib.

Dr. Ellinghaus: Was Sie da sagen, klingt mir sehr theoretisch. Es fällt mir schwer, Ihre Gefühle dabei zu verstehen....

Herr Lindt: Ich bin beseelt von einer nahe zu religiösen Sehnsucht nach Reinheit, und ich glaube der platonischen Idee von den nur zwei passenden Menschenhälften. Meine passende Hälfte ist Miriam. Das ist mir sehr früh klar geworden. Ihre Passversuche mit anderen Hälften tun mir in der Seele weh. Sie schmerzen mich so sehr, daß ich es nicht aushalten kann.

Dr. Ellinghaus: Was ich aus Ihren Worten höre, ist der frühkindliche Wunsch nach Einheit mit der Mutter. Nur sind Sie jetzt schon erwachsen....

Herr Lindt (*äußert ärgerlich*): Ach, hören Sie auf, von solchen Theorien zu sprechen. Nehmen Sie mich ernst....

Dr. Ellinghaus: ....aber, ich nehme Sie ernst.

59

Herr Lindt: Ich bin nicht gekommen, um mich von Ihnen analysieren zu lassen. Sie sind als Psychotherapeut verpflichtet, mir ein bedingungsloses Beziehungsangebot zu unterbreiten und es aufrecht zu erhalten, egal, wie absurd oder kindlich Ihnen meine Gedanken vorkommen.

Dr. Ellinghaus: Ich merke, Sie haben sich bereits eingehend mit Psychotherapie beschäftigt. Dabei unterstelle ich einmal, daß Sie für sich einen besonderen Grund haben, einen Termin mit mir zu vereinbaren....

Herr Lindt: Natürlich hat der heutige Termin einen Grund. Aber warten Sie, bevor ich zu dem Grund meines Hierseins komme, muß ich Ihnen noch mehr meiner Gedanken offenbaren. Ich hoffe dabei, daß ich Ihre Geduld nicht überstrapaziere.

Dr. Ellinghaus: Wie Sie wahrscheinlich wissen, betreibe ich als Therapeut sozusagen Stundenmedizin, wobei eine solche Stunde allerdings 45 Minuten umfaßt. Wir haben also noch Zeit....

Herr Lindt: Ich danke Ihnen für Ihre Geduld. Also: Die Fehlversuche Miriams schmerzen mich so sehr, daß es mir schwer fällt, am Leben zu bleiben, wenn diese Dinge nicht bereinigt werden.

Dr. Ellinghaus: Ich verstehe nicht ganz....

Herr Lindt: Ich meine ganz wörtlich „Bereinigung". Dabei gehe ich davon aus, daß es eine Vergangenheit nur dort gibt, wo Menschen sich ihrer erinnern. Erinnerung hält die Vergangenheit aufrecht. Und deshalb muß ich die sich erinnernden Männer auslöschen, um Miriams Vergangenheit zu bereinigen.

Dr. Ellinghaus: Aber die Erinnerungen, die Miriam selbst konserviert, können Sie doch nicht auslöschen.

Herr Lindt: Nein, leider nicht. Aber sie werden langsam schwächer werden. Ich stelle mir das so vor, wie wenn ein Bild entsteht. An diesem Tag ist dem Maler dieses Detail wichtig, am nächsten Tag ein anderes. Genau, wie das Malen eines Bildes funktioniert auch die Erinnerung. Dadurch, daß ich Miriam immer wichtiger werde und dadurch den anwachsenden Umfang an Zeit, den wir aufschichten werden, wird Miriams Erinnerung an ihre Vergangenheit vor mir immer schwächer werden und schließlich verlöschen. Und dadurch, daß sich auch kein anderer Mensch ihrer Vergangenheit erinnern wird, wird sie vollkommen bereinigt sein.

Dr. Ellinghaus: Mir ist aber nicht klar, wie die von Ihnen so genannte Bereinigung aussehen soll....

Herr Lindt (*zieht einen Revolver*): Als ersten werde ich Sie erschießen.

Dr. Ellinghaus: Mich wollen Sie erschießen? Inwiefern habe ich mit Ihrem Plan zu tun?

Herr Lindt: Erinnern Sie sich nicht mehr an Miriam Schwartz?

Dr. Ellinghaus: Miriam Schwartz....(*überlegt*)....Miriam Schwartz.... Ach ja, das war ja eine vorübergehende Jugendliebe. Das muß jetzt fast 20 Jahre her sein. Das war fast ohne jede Bedeutung. Ich bitte Sie....

Herr Lindt (*sehr erregt*): Das genau ist es, was mich so aufbringt: Sie sagen, das war ohne jede Bedeutung. Aber Sie haben meine Frau nackt gesehen und mit ihr geschlafen. Beides ist keineswegs ohne jede Bedeutung, sondern im Gegenteil kommt diesen Dingen eine immense Bedeutung zu. Mein seit langem vertretener Gedanke ist, daß Nacktheit nur den Liebenden zukommt. Sie haben sich etwas geraubt, was nur Liebenden zukommt. Sie haben aber nie geliebt!

Dr. Ellinghaus: Ich kann nicht ermessen, welcher romantischen Vorstellung von Liebe Sie unterliegen. Natürlich war ich streckenweise in Miriam verliebt. Sie hat mich angeturnt. Es war eine Zeitlang schön, sie zu besitzen. Aber dann wurde es auch wieder langweilig. Seitdem habe ich viele, viele Frauen geliebt. Mit keiner hielt ich es länger aus als maximal ein paar Monate. Warum erregen Sie sich so? So ist das eben....

Herr Lindt: Es ist nicht so, daß ich Sie wahrhaft als Konkurrenten empfinde, aber Miriam erzählt manches Mal von einem gemeinsamen Irland-Urlaub mit Ihnen, von der wilden Romantik der Landschaft und fast nebenbei auch, daß Sie damals auch noch sozusagen Miriams Nachfolgerin mitgenommen haben, also sozusagen mit einem Harem verreist sind. So ist also ihre Einstellung zu Frauen. Sie sind Konsumartikel für Sie. Ich dulde das nicht. Bei anderen Frauen wäre mir das gleichgültig. Ich fühle mich nicht als Rächer der Menschheit. Aber Sie haben so etwas mit meiner Frau Miriam gemacht. Das verzeihe ich Ihnen nicht. Und deshalb müssen Sie sterben!

Dr. Ellinghaus: Was heißt: Ich habe das mit Miriam gemacht? Sie hat es doch selbst so gewollt. Ich habe ihr
nie vorgemacht, daß sie für mich mehr wäre als eine
Verliebtheit. Nun hören Sie doch...!
Herr Lindt: Dafür sterben Sie!

- Er drückt ab. Dr. Ellinghaus greift sich an das getroffe-
ne Herz, taumelt noch ein paar Schritte und fällt dann
hin. Er ist tot. Lindt nimmt die Perücke ab und greift in
seine Jackett-Tasche, zieht ein Handy hervor und wählt
eine Nummer.

Lindt (*ganz gelöst*): Ja, hallo, Liebes. Ich habe alles er-
ledigt. Den nächsten Zug kann ich bekommen und bin
dann gegen 19 Uhr zuhause. Tschüs, tschüs, ich liebe
Dich....

Vorhang.

2. Szene

65

Schlafzimmer der Lindts. Jakob liegt bereits im Bett und liest. Aus dem Badezimmer hört man Wasserrauschen.

Jakob (*ruft*): Der heutige Tag war sehr erfolgreich. Ich habe viel geschrieben, mein Verleger ist zufrieden mit mir.

Miriam (*aus dem Badezimmer rufend*): Schön, Liebling. Du weißt ja, daß ich immer an Dein Talent geglaubt habe....

Miriam tritt - in ein großes Handtuch eingehüllt - ins Schlafzimmer, öffnet den Kleiderschrank, sucht offensichtlich nach einem Nachthemd. Jakob beobachtet sie aufmerksam.

Jakob: Ach, Liebling, laß doch mal Dein Handtuch fallen und Dich ansehen...!

Miriam: Ach, laß doch jetzt. Ich bin doch gar nicht schön.

Jakob: Du bist unsäglich schön. Also bitte, laß mich Dich sehen. Du weißt, wie visuell die Männer veranlagt sind.

Miriam (*leicht genervt*): Na, also bitte....

Sie steht nackt da.

Miriam: Nun schau Dir nur meinen Hintern an; er ist viel zu klein und gar nicht sexy. Und meine Brüste sind zu schlapp. Ich welke langsam.

Jakob: Warum siehst Du Dich so? Du bist eine schöne, reife Frau in den besten Jahren. Die jungen Frauen sind doch Abziehbilder, irgendwie irreal. An Dir sieht man, daß Du gelebt hast und empfunden hast. Ich bin begeistert von Deinem Leib.

Miriam: Deine Worte tun mir gut; aber sie stimmen so gar nicht mit meinem Empfinden überein. Es ist gut zu wissen, daß Du so eine wahnsinnige Obzession für meinen Körper empfindest.

Jakob: Du ahnst gar nicht, wie sehr ich diesen Anblick genieße. Ich will ihn ganz für mich haben. Dies hier ist meine Schatztruhe, die sonst keiner finden und erst recht nicht öffnen darf.

Miriam (*nimmt ein Nachthemd und streift es über*): Leider haben mich schon drei andere Männer so gesehen. Allerdings muß ich zugeben, daß keiner von ihnen so viel Wertschätzung für mich empfunden oder ausgedrückt hat wie Du. Offensichtlich haben sie mich sehr viel profaner gesehen. Mein Körper war ihnen irgendwie wie ein Mittel zum Zweck, für Dich ist er wie eine Hymne. Ich muß zugeben, daß mich das sehr rührt und aufbaut, wie sehr Du mich begehrst. Dein Gedanke, daß die Nacktheit nur den Liebenden gehört, ist sehr richtig. Ich empfinde Trauer, daß Du Dein Wissen um den Anblick meines Körpers mit drei anderen teilen mußt. Andere Zeitgenossen würden sich amüsieren und uns nicht verstehen.

Manch eine Zwanzigjährige hat bestimmt schon zu un-gezählten Männern sexuellen Kontakt gehabt und mich belastet es schon, daß es vor Dir in 36 Jahren bereits 3 Männer gegeben hat.

Jakob: Sorge Dich nicht, daß auch andere sich erinnern. Deren Erinnerungen werden langsam schwächer werden und dann ganz verlöschen. Letztenendes werde nur ich mich an Dich in dieser Weise erinnern.

Miriam tritt an das Bett heran und streichelt und küßt Ja-kob leidenschaftlich. Schließlich streift sie das Nacht-hemd wieder ab und steigt zu Jakob ins Bett. Man sieht die beiden eine Weile beim Liebesspiel, dann erlischt das Scheinwerferlicht. Im nachfolgenden werden auf der Bühne zwei Alpträume Jakobs sichtbar. Während diese Alpträume zu sehen sind, hört man im Hintergrund Jakob stöhnen. Immer wieder hört man ihn sagen:

(Jakob sagt im Traum): Nein, das darf nicht...., das soll nicht...., nehmt das weg...., Miriam, laß das...., das soll

aufhören....oder andere Aussprüche dieser Art, die je-
mand im Schlaf von sich gibt.

1. Alptraum: Stehparty

Es stehen mehrere Gäste einer Stehparty zusammen.
Alle sind festlich gekleidet, manche halten eine Sektscha-
le in der Hand, andere ein Tellerchen mit Häppchen vom
kalten Buffet. Es wird viel durcheinander gesprochen,
teilweise kurz aufgelacht. Miriam steht nackt mit einem
Glas Sekt unter den Partygästen.

Mann 1: Ja wirklich, Frau Lindt, ihre Abendgarderobe
überzeugt mich voll. In Ihrem Glanz müssen ja alle anderen erblassen. Ihre Brüste gefallen mir, schön, daß auch
andere sie nun mal sehen dürfen. Ihr Mann ist ja immer
so eigen....

Mann 2: Ja, nicht nur eigen, geradezu psychopathisch. Heutzutage, wo jeder jeden immerzu nackt sehen kann am Strand, in der Sauna oder sonstwo, enthält er uns allen hier so einen Anblick vor. Das ist doch krank. Zeigen Sie mir doch mal Ihren entzückenden Arsch, Frau Lindt! So eine Gelegenheit muß ich doch nutzen...!
Das Scheinwerferlicht verlischt wieder.

2. Alptraum: Miriam beim Amtsarzt

Übliches Untersuchungszimmer eines Amtsarztes. Medizinisches Utensil. Im vorderen Teil rechts zwei gegeneinandergestellte Schreibtische. Mit dem Rücken zum Publikum sitzt die Arzthelferin. Sie ist mit irgendeinem Vorgang beschäftigt.

- Es klopft. -

Arzthelferin: Herein...!

- Miriam tritt ein. -

Arzthelferin: Sie wünschen?

Miriam: Ich soll mich einer ärztlichen Einstellungsunter-
suchung stellen....

Arzthelferin: Haben Sie die Einladung dabei?

Miriam: Ja, hier ist sie!

Arzthelferin: Geben Sie her!

(*Sieht sich das Schreiben an.*)

Arzthelferin: In Ordnung! Der Doktor kommt gleich! Zie-
hen Sie sich schon mal aus! Dort hinten hinter der
Trennwand!

*Miriam geht dorthin. Nach einer Weile tritt sie wieder
hervor, mit Slip und BH bekleidet.*

Arzthelferin: Ich sagte doch „ausziehen", damit meinte ich „nackt ausziehen".

Miriam: Das können Sie mir doch nicht zumuten. Ich setz' mich doch nicht nackt hier hin.

Arzthelferin: Sie werden ja hören, was der Doktor dazu sagt.

Der Amtsarzt betritt forsch das Zimmer. Zur Arzthelferin gewandt, bellt er:

Amtsarzt: Was ist hier los, wieso ist die Patientin noch nicht fertig.

Arzthelferin: Sie ist offenbar eine renitente Person.

Amtsarzt (*zu Miriam*): Um es klar zu sagen, ich habe keine Zeit für Figuckchen. Entweder Sie wirken mit oder sie gehen. Dann muß ich Ihrem Dienstherrn Meldung machen.

73

Miriam: Ich mag mich nicht nackt hier hinsetzen. Meine Nacktheit gehört meinem Mann und nur ihm allein....

Amtsarzt: Dann werden Sie aus Liebe zu Ihrem Mann darauf verzichten müssen, jemals im Öffentlichen Dienst zu arbeiten. Auf Wiedersehen!

Miriam (*kämpft innerlich mit sich*): Na gut, wenn es nötig ist....

Amtsarzt (*barsch*): Es ist nötig!

Miriam legt Slip und BH ab, steht nun nackt vor dem Arzt.

Amtsarzt: Na, sehen Sie, ist doch nur halb so schlimm! Jetzt gehen Sie einmal durch den Raum....jawohl, gut....jetzt auf den Zehen.... - jawohl .... jetzt auf den Hacken. Das war's! Haben wir den Fragebogen zur Anamnese?

Arzthelferin: Liegt hier...!

Amtsarzt: Das war's, Frau Lindt. Na, sehen Sie, ist schon alles vorbei. Sie können sich wieder anziehen....
Scheinwerfer erlischt wieder. Man hört Jakob stöhnen. Schließlich knipst er seine Nachttischlampe an, richtet sich schweißnaß und offensichtlich verstört im Bett auf.

Jakob: Wer soll das alles wieder gutmachen. Die wird mir zu schwer. Warum liegen die Dinge so verwickelt ? Wieviel Blut muß denn noch fließen, bis Miriam wieder ganz allein mir gehört. In wievielen Träumen und in wievielen Wirklichkeiten kommt sie denn noch vor? Wie soll ich armer Tor diese Herkulesaufgabe bewältigen?

Vorhang.

3. Szene

Ein angemietete Wohnung in der Innenstadt, sehr schlicht und unpersönlich möbliert. Lindt sitzt bei einem Glas Tee am Tisch und studiert die Tageszeitung. Es klingelt. Lindt eilt zur Wohnungstür, öffnet sie.

Herr Lindt: Ach, guten Tag, Herr Prof. Leuchter. Schön, daß Sie da sind.

Herr Leuchter: Sie kennen mich...?

Herr Lindt: Ich werde Sie wohl kennen, wenn ich Sie hierher eingeladen habe. Ich selbst heiße Jakob Lindt.

Herr Leuchter: Sie schreiben in Ihrer Einladung, es sei von lebenswichtiger Bedeutung, daß ich heute hier erscheine.

Herr Lindt: Das ist - denke ich - nicht übertrieben. Doch setzen wir uns erst einmal. Ich erwarte noch einen weiteren Gast. Darf ich Ihnen etwas anbieten? Kaffee, Tee?

Herr Leuchter: Eine Tasse Kaffee wäre schön. Sie spannen einen ja ganz schön auf die Folterbank. Ich habe tatsächlich ein paar Nächte nicht richtig schlafen können wegen Ihrer Einladung. Es wäre gut, wenn Sie mir den Grund meines Hierseins bald offenbaren können.

Herr Lindt: Wie gesagt, erwarte ich einen weiteren Gast. Ihre beiden Anliegen hängen so eng zusammen, daß ich erst Sie beide hier haben will, bevor wir gemeinsam über mein Anliegen sprechen können.

- Darauf tritt eine Weile Schweigen ein. Es klingelt erneut. Lindt erhebt sich und öffnet. Eintritt Kurt Lewin, ein Lehrer -

Herr Lindt: Guten Tag, Herr Lewin, es ist gut, Sie begrüßen zu dürfen.

Herr Lewin: Ich bin ja nicht ganz freiwillig hier. Wie sollte ich nicht zu einem Termin erscheinen, bei dem es, wie geschrieben stand, um Leben und Tod geht.

Herr Lindt: Entschuldigen Sie, daß ich eine solche Dramatik in Ihr Leben gebracht habe, aber es war nötig, es sehr zugespitzt zu formulieren, weil ich sichergehen wollte, daß Sie beide hier erscheinen.... Übrigens ich darf Sie einander vorstellen. Dies hier ist Prof. Dr. Ferdi Leuchter, der seit einigen Jahren einen Lehrstuhl für Germanistik innehat, und dies hier ist Herr Kurt Lewin, seines Zeichens Lehrer an einer Grund- und Hauptschule.

Lewin, Leuchter - fast gleichzeitig - : Sehr erfreut!

Sie reichen sich die Hände. Sie setzen sich.

Herr Lindt: Herr Lewin, darf ich Ihnen ebenfalls eine Tasse Kaffee oder Tee anbieten?

Herr Lewin: Ich bin passionierter Teetrinker. Das wäre gut....

Lindt gießt ein.

Herr Lindt: Nachdem Sie beide nunmehr vollständig versammelt sind, will ich Ihnen auch sagen, was der Zweck unseres heutigen Zusammentreffens ist. Dabei gehe ich davon aus, daß Sie mich nicht kennen?

Herr Leuchter: Mir sind Sie jedenfalls nicht bekannt!

Herr Lewin: Dito!

Herr Lindt: Und dennoch gibt es ein geheimnisvolles Band, das uns verbindet. Es handelt sich dabei um Miriam Lindt, meine Frau.

Herr Lewin: Miriam Lindt? Nie gehört....

Herr Leuchter: Ich habe nur eine Frau namens Miriam gekannt, aber die hieß mit Nachnamen Schwartz. Sollte es sich um dieselbe handeln?

Herr Lewin: Ja, so eine Miriam hab ich auch gekannt. Ein richtiges sexy Ding....

79

(Man sieht, daß Jakob nach diesem Satz sichtlich zu-sammenfährt....)

Herr Leuchter: Ich weiß nicht, Herr Lewin, was Sie dazu bringt, diese wunderbare Frau so zu klassifizieren, das wird ihr nun ganz gewiß nicht gerecht. Ich habe eine Reihe von Jahren - es waren für mich schwere Jahre - mit ihr verbracht und ich habe sie fast bis zur Besin-nungslosigkeit geliebt. Heute würde ich aus abgeklärter Sicht von einer Obsession sprechen. Jedenfalls war ich, nachdem sie mich verlassen hatte, wie zerschmettert. Ich war viele Monate arbeitsunfähig, habe nicht schlafen können und war in jeder Hinsicht lebensuntauglich. Erst nach und nach habe ich mich hochgerappelt und wieder Lebensmut geschöpft. Allerdings bin ich seitdem allein, ohne Frau.

Herr Lewin: Das ist ja ein bißchen melodramatisch, was Sie hier schildern. Wie kann eine Frau denn sowas an-richten? Eine Frau? Ich habe ihrer dutzendweise gehabt, eine wechselte über Jahre die andere aus. Es war teilweise wie ein Rausch. Kaum sah ich eine attraktive Frau, habe ich alle Mittel aufgewandt, um sie in mein Bett zu bekommen. Ach, was rede ich von Bett. Heu, Kühlschrank, Küchentisch, ja sogar der Werkkeller der Schule, an der ich als Lehrer arbeite, mußten herhalten. Manchmal war es schwer, eine Frau zu bekommen, manchmal leicht. Miriam Schwartz war ein vergleichsweise leichter Fall; ich hatte bald heraus, daß sie romantischen Gefühlen von ewiger Liebe nachhing. Ich brauchte ihr nur zu versichern, wie sehr ich sie wertschätzte und daß ich sie heiraten wolle, da floß sie nur so dahin....

- Leuchter war schon die ganze Zeit unruhig hin und her....gelaufen, jetzt schaltet er sich sehr emotional und....wütend ein -

Herr Leuchter: Was sind Sie bloß für ein widerwärtiges Schwein. Das hat Miriam, diese wundervolle, wundervolle Frau nicht verdient, ihr Opfer zu werden. Wie konnte

81

nur....wie konnte das nur passieren: Sie beide ein Paar. Ich verstehe die Welt nicht mehr. Wie sehr habe ich sie geliebt, ich hätte alles für sie getan und dann schmeißt sie sich an so ein Dreckschwein wie Sie weg....

Herr Lewin: Nun erlauben Sie aber.... Ich bin keineswegs hierhergekommen, um mich beleidigen zu lassen. Solange ich in sie verliebt war, hat Miriam es bei mir ja auch gut gehabt....

Herr Leuchter: Sie wissen ja gar nicht, wie man liebt, ich meine wahrhaft liebt!

Herr Lewin: Doch, das weiß ich wohl! Und ich biete einer Frau auch eine Menge. Schließlich ist mein Körper durch Sport und Fitness gestählt, und ich bin verdammt gut im Bett. Wahrscheinlich waren Sie ihr nur zu schlapp. Sie hat mir mal was von einem abgelegten Lover erzählt, ein Germanist, glaube ich. Sind Sie das etwa?

Herr Leuchter: In der Tat bin ich das....

Herr Lewin: Miriam sagte mir, es habe sie bedrückt, wie sicher Sie ihr waren.

Herr Leuchter: In der Tat war ich ihr sicher, ich hatte gar keine Augen für andere Frauen. Und auch jetzt noch verehre ich sie geradezu hymnisch. Und jetzt (-*wendet sich an Lindt*-) ist sie Ihre Frau, stimmt das, Herr Lindt?

Herr Lindt: Ja, seit nunmehr 4 Jahren ist sie meine Frau. Es ist die beste Zeit meines Lebens. All die Jahre davor erscheinen mir wie nichtig, sie haben nicht gezählt. Wissen Sie, ich war bereits einmal verheiratet, und es hat Jahre gedauert, bis ich merkte, daß es nicht die richtige war. Und dann trat Miriam in mein Leben, wir haben nach wenigen Sekunden gewußt, daß wir zueinander gehören und für immer zusammenbleiben werden.... Aber, ich bin unhöflich, darf ich Ihnen nachschenken?

Leuchter, Lewin -einstimmig- : Ja, gerne!
Jakob Lindt gießt Tee/Kaffee nach

Herr Leuchter: Ich kann Ihr Lebensgefühl gut verstehen. Auch ich habe ähnlich empfunden. Ich habe Miriam eine Verehrung zukommen lassen wie einer Heiligen. Wissen Sie, meine berufliche Karriere war schwierig. Ich habe zwar eine beachtliche Liste von Veröffentlichungen, vorzugsweise zur Deutschen Romantik, der ich mich auch innerlich sehr nahe fühle, vorzuweisen; auch ist meine Dissertation sehr weit beachtet und anerkannt worden. Dort ging es -nebenbei bemerkt- darum, nachzuweisen, daß Jakob Michael Lenz in seinem Stück „Der Hofmeister" der damaligen Welt (die der heutigen ähnlich ist) deren eigene Selbstkastration und Liebes- und Empfindungsunfähigkeit vorhielt. Aber ich irre ab. Was ich sagen wollte, ist, daß mir Miriam in einem unglaublichen Ausmaß Stütze und Hoffnung war in dieser schwierigen Zeit. Vielleicht habe ich ihr zuwenig zurückgegeben. Ich bin immer noch traurig, sie verloren zu haben, aber da ich sie liebe, ist es gut zu wissen, daß sie in Ihnen, lieber Herr Lindt, zumindest einen wertvollen Menschen an ihrer Seite hat. Das macht meine Trauer leichter....

Herr Lindt (*bewegt*): Ich danke Ihnen, Herr Prof. Leuchter, für Ihre Worte. Es ist für mich sehr bewegend, in Ihnen einen Freund und - fast möchte ich sagen - Bruder gefunden zu haben. Dabei habe ich Sie beide, um Ihnen die Wahrheit zu sagen, eingeladen, weil ich Sie als meine ärgsten Feinde und Widersacher empfinden muß. Jetzt bin ich innerlich so angerührt, daß ich zumindest Ihnen, Professor Leuchter, die Hand zur Freundschaft reichen möchte.

- Sie geben sich zunächst die Hand und umarmen sich dann herzlich. -

Herr Lindt: Ich heiße Jakob.

Herr Leuchter: Und Du sollst mich Ferdi nennen.

Herr Lindt (*an Lewin gewandt*): Sie jedoch entsprechen genau dem vorgestellten Bild des Feindes, Sie unverschämter, nichtiger Absahner und Verhöhner aller Liebe.

85

So einen wie Sie zu vernichten, ist für mich eine große innere Genugtuung.

Herr Lewin: Na, na, nun werden Sie mal nicht unverschämt. Und was heißt hier: vernichten? Wie meinen Sie das?

Herr Lindt: Seit längerem ist es mein Vorsatz, Miriams Vergangenheit zu bereinigen, damit sie ganz und von Anfang an mir gehört. Um dies zu erreichen, mußte ich ihre drei Liebhaber, denen sie vor mir ihr Herz schenkte, vernichten. In einem Fall war ich bereits erfolgreich. Und auch bei Ihnen beiden ist mir der Erfolg gewiß. In Deinem Fall, Ferdi, habe ich fast ein bißchen Reue, aber Dir traue ich andererseits auch zu, daß Du mich verstehen wirst....

Herr Lewin: Was meinen Sie, wenn Sie sagen, bei uns ist Ihnen der Erfolg gewiß...?

Herr Lindt: Ich habe Ihrem Tee bzw. Kaffee ein starkes Gift beigemischt, das sehr zuverlässig zum Tode führt, aber bis zum Wirkungseintritt genügend Zeit für einen Dialog läßt.

Herr Lewin (*erhebt sich*): Das ist ja empörend. Was bilden Sie sich ein. Fühlen Sie sich als Rächer der Menschheit...?

Herr Lindt: Nein, ich habe nur die Reinheit meiner Frau rekonstruiert....

Herr Lewin: Ich habe nicht vor, Ihrem privaten Rachefeldzug zu erliegen. Rufen Sie sofort einen Arzt!

Herr Lindt: Es ist ganz zwecklos. Kein Arzt der Welt kann sie mehr retten.

Lewin greift sich ans Herz und bricht nach kurzem Aufbäumen tot zusammen.

Herr Leuchter (*bereits mit matter Stimme*): Ich liebe Dich, Jakob, Du tust recht daran, uns zu vernichten. (*sackt zusammen, stirbt*)

Jakob Lindt entkleidet die Leichen. Aus einem Neben-zimmer holt er drei Müllbeutel. In je einen packt er die Leichen und die Kleidung. Danach beseitigt er sorgfältig alle Fingerabdrücke und Spuren. Er geht ab, wobei er den Müllsack mit der Kleidung und den persönlichen Unterlagen der Toten mitnimmt.

Vorhang

4. Szene

Wohnzimmer der Lindts. Jakob Lindt sitzt am Tisch und liest Zeitung. Nach einer Weile läutet es. Jakob Lindt springt auf, öffnet die Wohnungstür. Rainer Dahlhus tritt ein.

Herr Lindt: Schön, daß Sie kommen, Herr Dahlhus.

Herr Dahlhus: Ja, guten Tag, sehr erfreut.

Herr Lindt: Meine Frau wird bald eintreffen. Bitte nehmen Sie Platz. Ich will mit Ihnen vorweg besprechen, was genau geschehen soll. Ich hoffe, es ist Ihnen so recht, Herr Dahlhus?

Herr Dahlhus: Ganz, wie es beliebt. Sie können ganz über mich verfügen. Die Aufgabe, um deren Erledigung Sie mich baten, ist zwar komplex, aber nicht unlösbar.

Herr Lindt: Es sind ganz besonders unsere Vergangenheiten, die meine Frau und mich bedrücken. Es kommt uns ganz wesentlich darauf an, sie sozusagen umzuprogrammieren, verstehen Sie?

Herr Dahlhus: Ich verstehe Sie gut. Es wird aber nicht möglich sein, Erlebnisinhalte als solche zu ändern, sondern höchstens Neuverknüpfungen von Erinnerungen und Personen. Also die Vorstellung, das Erlebnis X nicht mit Person Y , sondern mit Person Z erlebt zu haben.

Herr Lindt: Sie beschreiben haargenau, was wir wollen. Und zwar wollen meine Frau und ich unsere früheren Partner komplett vergessen; mein Wort für diesen Vorgang ist Bereinigung, wenn Sie verstehen. Wir haben entdeckt, daß wir von Anfang an zusammengehören und wollen dem auch erinnerungsmäßig Ausdruck geben.

Herr Dahlhus: Wenn ich Sie recht verstehe, sollen also die Namen von Personen, die Sie mir bereits vorab aufgeschrieben haben, in der Erinnerung gelöscht werden. Das wird sicher möglich sein. Wir müßten nur den hypnotischen Befehl geben, daß negative Erinnerungen, wie zum Beispiel Trennungen, nicht auf die stattdessen einzusetzenden Personen übertragen werden. Aber das ist möglich.

(*Man hört, daß jemand mit einem Schlüssel das Wohnungstürschloß öffnet, Auftritt Miriams*)

Herr Lindt: Ah, Liebling, da bist Du ja!

(*Er küßt sie*)

Herr Lindt (*spricht weiter*): Darf ich vorstellen? Das ist der berühmte Hypnotiseur Dahlhus (*zeigt auf ihn*) und dies ist - wie Sie sich denken können, Herr Dahlhus, meine Frau Miriam.

(*Sie reichen sich die Hände*)

Herr Dahlhus: Damit wir gleich zum Wesentlichen kommen, Frau Lindt, frage ich Sie hiermit, ob die Wünsche Ihres Mannes, nämlich nach Auslöschung bestimmter Namen und Personen in Ihrem Gedächtnis, auch Ihrem Willen entsprechen...?

Miriam Lindt: Ja, das ist ganz sicher mein Wunsch. Wissen Sie, meine Vergangenheit empfinde ich als teilweise mißlungen, die highlights daraus möchte ich aber auf ewig mit meinem lieben Jakob verbinden.

Herr Dahlhus: Wenn es Ihnen recht ist, können wir sogleich starten. Der Vorgang, den wir anstreben, könnte auch als mystische Heirat bezeichnet werden, da Sie beide sich heute auf ewig und von Anfang an vermählen werden. Ich darf bitten, daß Sie bequem Platz nehmen.

(*Alle drei setzen sich*)

Herr Dahlhus (*spricht mit monotoner Stimme*): Bitte konzentrieren Sie Ihren Blick auf einen fixen Punkt vor Ihnen - schließen Sie dafür halb Ihre Augen bis auf einen kleinen Sehschlitz - entspannen Sie sich, Ihr Körper ist ganz entspannt und leicht - Nun beginnen Sie, sich vorzustellen, daß sich vor Ihnen eine tiefe Wendeltreppe befindet - Sie beginnen, mit bedächtigen Schritten, die Treppe hinabzugehen - immer tiefer und tiefer und tiefer - Sie bekommen langsam eine Vorstellung von der unendlichen Tiefe - Sie steigen tiefer, tiefer und tiefer - Miriam,

Du entdeckst Personen auf Deinem Weg, ich nenne Dir die Namen: Hans Ellinghaus, Kurt Lewin, Ferdi Leuchter. Du willst diese Namen und Personen vergessen auf ewig und Du wirst sie, wenn ich Dir befehle, aufzuwachen, vergessen haben. Gleichzeitig wirst Du wissen, daß Du alle Erlebnisse Deines Lebens, seit Du eine Frau bist, mit nur einem Mann, nämlich mit Deinem geliebten Jakob, erlebt hast. Du hast nie mit einem anderen Mann geschlafen als mit Jakob Lindt und Du hast Dich nie von ihm getrennt, Ihr seid seit Jugendtagen zusammen. Und Du, Jakob Lindt, hast nie eine andere Frau gehabt als Miriam, den Namen Gudrun Lindt, mit der Du einst verheiratet warst, wirst Du, wenn Du erwachst, vergessen haben. Du warst seit Jugendtagen immer mit Miriam zusammen und hast Dich nie von ihr getrennt. Wenn ich jetzt sage, daß Ihr wieder erwachen sollt und ins Tagesbewußtsein zurückkehren sollt, dann werdet Ihr auf ewig meine Befehle befolgen. Wenn ich jetzt mit den Fingern schnippe, werdet Ihr erwachen...! (*schnippt mit den Fingern*)

(Miriam und Jakob erwachen)

Miriam Lindt: Was ist los, was ist geschehen. Ich habe so tief geschlafen!

Herr Lindt: Auch ich schlief so tief.

Herr Dahlhus: Ich gratuliere Ihnen herzlich!

Herr Lindt: Wozu gratulieren Sie uns?

Herr Dahlhus: Na, zu Ihrer mystischen Hochzeit und dazu, daß Sie Ihr Projekt „Bereinigung" soeben erfolgreich abgeschlossen haben.

Vorhang.

Ende des Theaterstückes.

Von Hanns-Diethelm Blunck ist bereits erschienen:
IN SCHWERER SEE ZUHAUSE, Spontanlyrik, 108 S., DM 22,90

"Manchmal läßt mich ein Satz einfach nicht mehr los"

Hanns-Diethelm Blunck hat es geschafft: Nach 30 Jahren literari-
scher Aktivitäten tritt er nun vom kleinen Örtchen Bütlingen aus mit
seinem ersten Werk an ein großes Publikum. (...) Liebe, Religion
und Existenzschwere sind die Themen, die den Vater von fünf Kin-
dern seit jeher am meisten beschäftigen und die er auch in seinen
Gedichten verarbeitet hat. (...) Als praktizierender Buddhist (sucht
er) Antworten auf die Existenzfrage. (...) "Man wird gesetzter, wenn
man ein bürgerliches Leben führt", sagt der Angestellte des Arbeits-
amtes in Hannover, und ein bißchen Wehmut schwingt in seiner
Stimme mit. (...) Die neueste Ausdrucksform, die er für sich entdeckt
hat, sind Theaterstücke und Drehbücher.

Elbe-Geest-Wochenblatt, 26.10.1994

Gedacht, gefühlt, zu Gedichten verdichtet

In keiner literarischen Gattung tritt das Ich des Autors so direkt zuta-
ge wie im Gedicht. Trotzdem oder gerade deswegen drängt es viele
dazu, Gedanken und Gefühle in lyrische Form zu gießen. Zwei Auto-
ren mit Lüneburg-Bezug haben in jüngerer Zeit Gedichtbände her-
ausgegeben.
Der ungewöhnlichere Beitrag kommt von Hanns-Diethelm Blunck. "In
schwerer See zuhause" heißt sein Band. Spontanlyrik nennt Blunck,
der 1972 in Lüneburg sein Abi baute und Philosophie, Germanistik,
Psychologie und Pädagogik in Hamburg und Lüneburg studierte,
sein Schreibkonzept.
Dichten ist ihm "passives lauschen auf von außen oder vielmehr von
innen gegebenes". Lyrik soll aber auch Mittel sein, "zum Bewußtsein
höherer vorgänge und welte zu gelangen". Die meist kurzen Texte
pendeln zwischen Aggression und Angst, Todes- und Liebessehn-
sucht. Die Sprache ist manchmal geschliffen, manchmal von uner-
gründlichem missionarischem Eifer getrieben. Deutlich wird, daß sich
hier einer viel von der Seele schreibt.

Landeszeitung f. d. Lüneburger Heide v. 28/29.01.95